DIE REIHE
*Archivbilder*

# SAARBRÜCKEN

Blick vom Trillerhügel auf die Ludwigskirche in Saarbrücken. Die Hofkirche der barocken Residenzstadt ist das Hauptwerk des nassau-saarbrückischen Generalbaudirektors Friedrich Joachim Stengel (1694–1787) Sie wurde zwischen 1762 und 1775 erbaut.

DIE REIHE
*Archivbilder*

# SAARBRÜCKEN

Aus den Beständen der Alten Sammlung des Saarland Museums
zusammengestellt von

Christof Trepesch

SUTTON
VERLAG

Sutton Verlag GmbH
Hochheimer Straße 59
99094 Erfurt
http://www.suttonverlag.de



ISBN 978-3-89702-105-1

Druck: CEWE Color, Germering

**Titelbild:** Blick über die Alte Brücke zum Saarbrücker Saarufer (um 1890). Links auf dem Schloßfelsen das Dach des barocken Residenzschlosses, rechts die mittelalterliche Schloßkirche. In dem barocken Palais Günderode links neben der Brücke wohnte Johann Wolfgang von Goethe während seines Saarbrückenaufenthaltes.

In der 1862 von Carl Benzel (1821–1886) errichteten Schillerschule in der Bismarckstraße ist heute die Alte Sammlung des Saarland Museums untergebracht, die den Archivbilderbestand aufbewahrt.

# Inhaltsverzeichnis

Die neugotische Johanneskirche in St. Johann wurde als selbstbewußtes Zeugnis der Bürgerschaft zwischen 1894 und 1898 durch den Architekten Heinrich Güth (1858–1918) erbaut.

# Einleitung

Mit dem vorliegenden Bildband wird erstmals ein zusammenhängender Bildkomplex aus dem Archiv des ehemaligen Heimatmuseums der Stadt Saarbrücken – aus dem das heutige Saarland Museum hervorgegangen ist – veröffentlicht. In vier Abschnitten soll dem Leser unter topographischen Gesichtspunkten ein Überblick über das historische Stadtbild Saarbrückens geboten werden.

## Kurze Geschichte der Stadt Saarbrücken

Im Jahre 999, als Otto III. das „castellum Sarabruca" dem Bistum Metz schenkte, wurde die Saarbrücker Burg auf dem Burgfelsen links der Saar erstmals urkundlich erwähnt. In der Nähe alter Handelsstraßen gelegen, entwickelte sich im Umfeld dieser Burganlage eine kleine Marktsiedlung, die im 13. Jahrhundert befestigt wurde. Im März 1322 verlieh Graf Johann I. von Saarbrücken-Commercy dem Marktflecken zusammen mit dem Dorf St. Johann am gegenüberliegenden Saarufer die Stadtrechte. Durch die landesherrliche Förderung entstand 1398/1404 eine Münze und in den folgenden Jahren wurden immer wieder Stadterweiterungen durchgeführt. 1466 hatte Saarbrücken rund 1.000 Einwohner. 1549 war die erste Steinbrücke (Alte Brücke) über die Saar fertiggestellt. In der Regierungszeit von Graf Ludwig (1602–1627) wurde ab 1602 ein prächtiges Renaissanceschloß unter Einbeziehung älterer Burgsubstanz auf dem Burgfelsen erbaut. Nach der im Zusammenhang mit den Feldzügen Ludwigs XIV. stehenden, verheerenden Zerstörung von 1677 gelangte die Stadt erst wieder unter der Regentschaft Fürst Wilhelm Heinrichs von Nassau-Saarbrücken (1741–1768) zur Blüte. Durch die Bautätigkeit des Architekten Friedrich Joachim Stengel (1694–1787) wurde die enge mittelalterliche Stadtstruktur in eine offene barocke Residenz umgestaltet. Im Nordwesten von Saarbrücken entstand eine großzügige barocke Vorstadt mit der Ludwigskirche als Hofkirche im Zentrum einer Platzanlage, die ihr Vorbild in der französischen Place Royale hat. Die Lustschlösser Monplaisir auf dem Halberg und Ludwigsberg bei Malstatt waren durch Sichtachsen auf das fürstliche Residenzschloß bezogen. Rund 200 ha Gartenanlagen rundeten die urbane Struktur ab. Mit dem Einfall der französischen Revolutionstruppen versank das barocke Saarbrücken in Schutt und Asche. Das Schloß wurde in der Folgezeit als großbürgerlicher Wohnkomplex umgestaltet, Schloß Ludwigsberg mit seinen Anlagen abgetragen und vernichtet.

Im 19. Jahrhundert dehnte sich Saarbrücken stark nach Westen aus. 1894 wurde mit der Malstatter Brücke eine Verbindung zur rechten Saarseite hergestellt. Neben der Alten Brücke verband seit 1868 die Louisenbrücke die beiden Städte. Im letzten Viertel des 19. Jahrhunderts und zu Beginn des 20. Jahrhunderts wurde der ehemals als Gartenterrain genutzte Trillerhügel besiedelt, ferner der Reppersberg, der Nußberg und auf St. Johanner Seite das Stadenviertel. 1896 wurde St. Arnual eingemeindet, was die Erschließung der Gebiete am Winterberg und der Feldmannstraße zur Folge hatte.

In St. Johann wurden zu Beginn des 19. Jahrhunderts die mittelalterlichen Befestigungsanlagen abgetragen. Die Eröffnung der staatlichen „Saarbrücker Eisenbahn" 1852 leitete einen gewaltigen wirtschaftlichen Aufschwung ein, der seinen baulichen Niederschlag in der Architektur der Bahnhofstraße, der Mainzerstraße und Kaiserstraße gefunden hat. 1865 schuf man im Malstatter Gebiet eine Hafenanlage, den sogenannten Kohlenhafen, und erreichte mit der Anlegung des Saarkohlekanals eine Anbindung an das französische Wasserstraßennetz. Um 1900 entstanden in St. Johann das prächtige neugotische Rathaus und die Johanneskirche, die als weithin sichtbare Großbauten eine selbstbewußte Prosperität dokumentierten. Um die Jahrhundertwende zeigten sich in den drei Städten (Alt-)Saarbrücken, St. Johann und Malstatt-Burbach unterschiedliche Entwicklungstendenzen: Auf der einen Seite Saarbrücken als Behörden- und Beamtenstadt mit einer starken Garnison, auf der anderen Seite St. Johann, der Verkehrsknotenpunkt mit Kauf- und Handelshäusern, Banken und Versicherungen als Handels- und Einkaufsstadt. Malstatt-Burbach hingegen entwickelte sich zum großflächigen Industriestandort, als Arbeits- und Wohnstätte der

Arbeiter. 1909 erfolgte die Vereinigung der drei Städte zur Großstadt Saarbrücken. 1910 hatte Saarbrücken 105.000 Einwohner. Während der Völkerbundzeit zwischen 1920 und 1935 verwaltete die Regierungskommission das Saargebiet von Saarbrücken aus. 1935 stimmten 90% der Saarländer für eine Rückgliederung an das Deutsche Reich. Im Zweiten Weltkrieg wurde die Stadt zu 43% zerstört, der barocke Ludwigsplatz fiel in Trümmer. 1947 wurde Saarbrücken Hauptstadt des Saarlandes und 1956 Landeshauptstadt des Bundeslandes Saarland. In der Zeit des Wiederaufbaus kam es zu umfangreichen städtebaulichen Veränderungen. Neben der gelungenen Rekonstruktion der Ludwigskirche wurde eine breite Schneise, die Stadtautobahn, durch das Stadtzentrum gelegt und ein großer Teil der historischen Bausubstanz vernichtet.

## Das Bildarchiv der Alten Sammlung

Das historische Bildarchiv des Heimatmuseums der Stadt Saarbrücken – heute Bestandteil der Alten Sammlung des Saarland Museums – wurde seit der Gründung des Museums im Jahre 1924 von Museumsdirektor Hermann Keuth (1888–1974) zusammengetragen. Der größte, ursprünglich in einem hölzernen Schrank untergebrachte Teil der Sammlung besteht aus Karteikarten, auf denen Schwarz-Weiß-Fotos aufgeklebt, beschriftet und numeriert sind. Der Bestand umfaßt rund 3.500 Ansichten von lothringischen, pfälzischen und saarländischen Ortschaften. Hinzu kommen 50 frühe Porträtfotografien saarländischer Bürger – Daguerreotypien, Ambrotypien und Salzpapierabzüge –, ferner rund 300 Großfotos, die in den Räumen der ständigen Sammlung des Heimatmuseums am St. Johanner Markt und bei den Saargebiet-Ausstellungen im Römer in Frankfurt am Main 1924, im Völkerkundemuseum Leipzig 1930 und im Gürzenich in Köln 1934 gezeigt wurden.

Mit Ausnahme der Daguerreotypien, die in der Mitte bzw. in der zweiten Hälfte des 19. Jahrhunderts entstanden sind, datieren die Fotos zumeist aus der Zeit zwischen 1924 und dem Zweiten Weltkrieg. Während bei der Motivwahl der lothringischen, pfälzischen und saarländischen Dörfer ein für die damalige Zeit typisches volkskundliches Interesse überwiegt, haben die Ansichten der vereinigten Großstadt Saarbrücken eher einen dokumentarisch-baugeschichtlichen Charakter. Dies hängt sicherlich auch damit zusammen, daß die Fotos zum großen Teil von professionellen Fotografen zum Zwecke der Veröffentlichung in Bildbänden angefertigt wurden – zu nennen sind hier Max Wentz, E. Kirschmann, August Rupp, Erich Göhring, die Fotografenateliers Leibrock u. Hamann, Eichacker sowie Junkers Luftbildaufnahmen der Saarbrücken-Überfliegung von 1929. Hinzu kommen Fotos oder Schnappschüsse von Museumsdirektor Keuth selbst, der beispielsweise einen Markttag am Saarbrücker Neumarkt fotografierte und damit das zeitgenössische Leben zu dokumentieren suchte. Das Übergewicht der Fotografien aus dem Bereich der Städte Saarbrücken und St. Johann resultiert aus der heterogenen Struktur des Bildmaterials im Bildarchiv des Saarland Museums. Hermann Keuth beschrieb die Ziele, die er mit dem Aufbau der Fotosammlung verfolgte, folgendermaßen: „Mit der Einrichtung des Bildarchivs sollen die formalen Erscheinungen der Kultur der Saar erfaßt werden. Es ist in ihr die Erweiterung des Museums zu sehen, auf die stets zurückgegriffen werden kann, wenn die Originalbestände versagen müssen." (Krueckemeyer 1934, S. 207.)

## Literaturauswahl


KLEIN, HANNS: *Deutscher Städteatlas – Saarbrücken*, Dortmund 1979.
KLOEVEKORN, FRITZ: *Saarbrückens Vergangenheit im Bilde*, Saarbrücken 1934 (zweite Aufl.).
KRUECKEMEYER, H. (HRSG.): *25 Jahre Stadt Saarbrücken*, Saarbrücken 1934.
RUPPERSBERG, ALBERT: *Geschichte der ehemaligen Grafschaft Saarbrücken*, I.–III. Teil, Saarbrücken 1908–1914 (zweite, vermehrte Aufl.).
SCHLEIDEN, KARL AUGUST: *Saarbrücken so wie es war*, Düsseldorf 1980 (dritte Aufl.).
ZIMMERMANN, WALTHER: *Die Kunstdenkmäler der Stadt und des Landkreises Saarbrücken*, Düsseldorf 1932.

# 1

# Saarbrücken

1. Die Luftaufnahme zeigt den Saarbrücker Schloßplatz mit dem zu Wohnzwecken umgebauten Residenzschloß, das von Friedrich Joachim Stengel (1694–1787) zwischen 1739 und 1748 erbaut wurde, gegenüber das barocke Rathaus, rechts das Kreisständehaus und daneben die mittelalterliche Schloßkirche.

2. Vor der Jahrhundertwende wurde der Saarbrücker Schloßplatz durch eine Spende des Großindustriellen Karl Ferdinand Freiherr von Stumm-Halberg (1836–1901) mit Kugelakazien ausgestattet. Im Mittelgrund das 1899 errichtete Bismarck-Denkmal von Adolf Donndorf (1835– 1916).

3. Blick in die Talstraße. Links der südliche Schloßflügel mit einem Anbau aus der Mitte des 19. Jahrhunderts, der 1908 durch den Architekten Gustav Schmoll gen. Eisenwerth (1872–1946) barockisiert wurde.

4. Das patriotische Ulanendenkmal des Berliner Bildhauers Fritz Klimsch (1870–1960). Es diente zur Glorifizierung der Heldentaten des 7. Ulanenregiments im Deutsch-Französischen Krieg 1870/71 und wurde am 1. Juni 1913 auf dem Schloßplatz enthüllt.

5. Der nördliche Schloßflügel wurde nach den im Verlauf der Französischen Revolution erfolgten Zerstörungen durch den Baumeister Johann Adam Knipper d. J. (1784–1870) – wohl unter Beteiligung seines Vaters – um 1810 in klassizistischer Formensprache als großbürgerlicher Wohnkomplex wiederaufgebaut.

6. Blick vom Trillerhügel auf den Schloßplatz. Der langgestreckte Bau im Hintergrund ist die 1786/87 von Balthasar Wilhelm Stengel (1748–1824) errichtete Orangerie. Vor dem vermauerten mittleren Eingang steht eine Balustradenfigur der Ludwigskirche.

7. Fahrradwettbewerb um 1890 auf dem Schloßplatz. Rechts der klassizistische Anbau am südlichen Schloßflügel vor der Barockisierung durch Schmoll gen. Eisenwerth.

8. Das alte Rathaus von Saarbrücken wurde zwischen 1748 und 1750 nach Plänen Friedrich Joachim Stengels (1694–1787) in barocken Formen unter Einbeziehung älterer Bausubstanz erbaut. Im links anschließenden Bau setzt sich die Architekturgliederung fort (Aufnahme vor 1870/71).

9. 1938 wurde im Zuge von Umgestaltungsmaßnahmen auf dem Schloßplatz – der Platz sollte von den Nationalsozialisten in eine Freilichtbühne umgestaltet werden – eine archäologische Grabung durchgeführt. Blick auf das Ausgrabungsgelände mit den Kasematten des 16. Jahrhunderts.

10. Gut erhaltener Brückenbogen der mittelalterlichen Burganlage unter dem Saarbrücker Schloßplatz. Substruktion der über den Burggraben führenden Zugbrücke von 1563.

11. Im Segmentgiebel des Rathauses befindet sich das Datum der Vollendung (1750), das um 1870/71 durch eine Wappenkartusche mit Saarbrücker Stadtwappen verändert und ergänzt wurde.

12. Das Erbprinzenpalais am Schloßplatz (links) wurde um 1760 für den Erbprinzen Ludwig von Nassau-Saarbrücken (1745–1794) erbaut. Ab 1816 war hier das Bergamt untergebracht (Aufnahme nach 1913).

13. Die barocke Kutschenremise und Lingerie an der Nordwestecke des Schloßplatzes wurde 1851 um zwei klassizistische Flügelanbauten erweitert, so daß eine schloßartige Anlage entstand. Hier war das königliche Landgericht untergebracht. 1910 wurde dieses Gebäude auf Veranlassung des Landrates Walter von Miquel (1869–1945) abgebrochen und das neubarocke Kreisständehaus errichtet.

14. Von der Talstraße aus fällt der Blick zum Schloß auf den Anfang des 19. Jahrhunderts zu Privatgärten umgestalteten Schloßgarten. Rechts ist der 1872 durch den Architekten Hugo Dihm (Stadtbaumeister von 1876 bis um 1880/82) neu errichtete Mittelrisalit zu sehen, der den verlorenen barocken Mittelbau ersetzt.

15. Der sogenannte Knippersche Gartenpavillon befindet sich am nördlichen Ende der zweiten Terrassenstufe des Schloßgartens. Die zweigeschossige, hölzerne Konstruktion mit Keller- und Aussichtsraum wurde vermutlich von Johann Adam Knipper d. J. (1784–1870) um 1830 erbaut. Der heutige Pavillon ist ein Nachbau von Herrmann Stolpe aus den sechziger Jahren.

16. Die Saarbrücker Schloßkirche stammt im Kern aus dem 15. Jahrhundert. Unter Friedrich Joachim Stengel wurde 1743 ein neuer barocker Turmhelm aufgesetzt. Am rechten Bildrand befindet sich das 1910/11 durch die Berliner Architekten Salinger und Schmohl erbaute Kreisständehaus. Das große Jugendstilgebäude im Hintergrund ist der Erweiterungsbau der Grohé-Henrich-Bank.

17. Die Chorpartie der Schloßkirche, die seit dem 17. Jahrhundert als Grablege der Grafen von Nassau-Saarbrücken benutzt wurde, davor die Rückseite der Kochschen Hofapotheke am Fuß der Schloßmauer.

18. Am Schloßberg um 1870. Blick am spätgotischen Portal der Schloßkirche vorbei zur engen Bebauung vor dem Saarbrücker Saartor mit dem Haus Karl Jacob Schultz, in dem die „Schultze Katrin" (Katharina Weißgerber, 1818–1886), die im Krieg 1870/71 mit großer Selbstaufopferung Verwundete pflegte, Dienstmädchen war.

19. Im Chor der Schloßkirche befindet sich die 1622/23 von Hans Bast geschaffene manieristische Kanzel. Rechts daneben das Grabmal des Grafen Gustav Adolph (gest. 1677) und seiner Frau Eleonore Klara (gest. 1709), gefertigt von Pierrard de Coraille (um 1670–1724/25), sowie das Stuckgrabmal für den Grafen Karl Ludwig (gest. 1723) des Bildhauers Hotten.

20. Das 1772 durch den Bildhauer Johann Philipp Mihm geschaffene Grabmal des Fürsten Wilhelm Heinrich von Nassau-Saarbrücken (1718–1768) war ursprünglich zentral im ersten Chorjoch aufgestellt. Es zeigt einen von Löwen getragenen Sarkophag mit den Personifikationen von Gerechtigkeit (Justitia) und Klugheit (Prudentia), die eine Urnenvase mit den Silhouetten von Wilhelm Heinrich und Sophie Christiane (Rückseite) flankieren.

21. Klassizistisches Portal mit Vasenaufsätzen neben dem Eckhaus Am Schloßberg/Kirchgasse in der Kirchgasse.

22. Blick in die Kirchgasse Richtung Schloßkirche.

23. Das dreigeschossige Haus Am Schloßberg 11 wurde in der zweiten Hälfte des 18. Jahrhunderts mit klassizistischen Portalrahmungen erbaut. Eine Erweiterung des Gebäudes erfolgte Anfang des 19. Jahrhunderts.

24. Zweigeschossiges barockes Wohnhaus der Familie Schmidtborn mit Bänderrustika im Erdgeschoß, Ecke Kirchgasse/Am Schloßberg.

25. Barockes Wohnhaus der Zinngießerfamilie Korn am Schloßberg, gegenüber der Schloßkirche. Hier betrieb Johann Philipp Korn (1735–1823), genannt „Korn an der Kirch", seine Werkstatt.

26. Die protestantische Ludwigskirche von Friedrich Joachim Stengel (1694–1787) ist das Hauptwerk der protestantisch-barocken Sakralarchitektur in Südwestdeutschland. Sie wurde als Zentralbau über kreuzförmigem Grundriß errichtet (1764–1775).

27. Die Westseite der Ludwigskirche wird durch den viergeschossigen Turm bestimmt. Für die Dachbalustrade schuf Franciscus Bingh zwischen 1764 und 1766 einen Figurenzyklus von 28 Figuren des Alten und Neuen Testaments.

28. Die Nordfassade der Ludwigskirche ist als kolossale Säulenfront mit Doppelsäulen gestaltet, so daß dieser Teil der Kirche eine besondere Aufwertung erfährt. Das Relief über dem Rundbogenportal zeigt die Berufungsvision Hesekiels mit der Lichterscheinung von vier Rädern und den Cherubim.

29. Die der Verherrlichung des Fürsten dienende Bekrönung der Nordfassade zeigt das ovale Bildnismedaillon des Fürsten Wilhelm Heinrich von Nassau-Saarbrücken (1718–1768), das von einem Putto, der Fama, einer beflügelten Frauengestalt, die den Ruhm des Fürsten verkündet, und der Diligentia (Achtsamkeit) mit dem Kranich gehalten wird.

30. Die Innenansicht der Ludwigskirche zeigt den Kanzelaltar mit der Orgel. Der Kanzelaltar ist eine Stuckarbeit von Wunnybald Wagner (1774/75) im Louis-Seize-Stil. Die Herme links vom Altar stellt die Ecclesia dar (das von der Kanzel verdeckte Pendant die Synagoge).

31. Blick vom Knipperschen Terrassengarten hinter dem Anwesen des Baumeisters Johann Adam Knipper d. J. (1784–1870) am Triller zur Ludwigskirche. Am linken Bildrand die katholische Pfarrkirche St. Jakob.

32. Der Ludwigsplatz wurde von Stengel zwischen 1761 und 1764 als einheitliche Platzanlage mit Palaisbauten geplant und erbaut. Die Südseite des Platzes mit dem Palais Wenzel (im Bild vorne links), daneben ein gründerzeitliches Gebäude, dem Palais Doeben, das 1768 für Hofmarschall von Doeben errichtet wurde, daran anschließend das lutherische Pfarrhaus und, am Ende der Reihe, das Palais König.

33. Das Palais Wenzel auf der Südseite des Platzes wurde zwischen 1765 und 1767 unter Förderung von Fürst Wilhelm Heinrich für den Bäckermeister Wenzel errichtet. Bei dem dreigeschossigen Gebäude werden die seitlichen Fensterachsen durch Risalite, Balkone und Tordurchfahrten betont. Die segmentbogigen Fenster weisen skulptierte Schlußsteine auf; die Gebäudekanten sind mit Eckrustiken versehen. Das mit Schiefer gedeckte Dach ist als Mansarddach ausgeführt.

34. Barockes Portal des Palais Wenzel.

35. Das Palais östlich vom Palais Wenzel wurde zwischen 1763 und 1765 zu zwei Dritteln für Schuhmachermeister Treib und zu einem Drittel für das Stift St. Arnual erbaut.

36. Das Palais westlich vom Palais Doeben wurde 1768 als erstes lutherisches Pfarrhaus durch das Stift St. Arnual errichtet. In den Gründungsjahren 1779 bis 1784 residierte hier die Saarbrücker Freimaurerloge. Die Gestaltung entspricht dem Palais Wenzel.

37. Das Palais Lüder an der Nordwestseite des Ludwigsplatzes wurde zwischen 1765 und 1767 für Baron von Lüder erbaut.

38. Das Palais Lüder wurde 1807 von Friedrich Philipp Stumm (1751–1835) einschließlich des daneben gelegenen Promenadeplatzes erworben und von seinen Nachkommen bis zum Umzug nach Schloß Halberg zeitweise bewohnt. Das prächtige barocke Portal ist von einem Balkon mit schmiedeeisernem Gitter überdacht.

39. Barocke Gartenbalustrade im Hof des Palais Freital am Ludwigsplatz. 1913 von der Postverwaltung, der das Gebäude von 1833 bis zum Zweiten Weltkrieg gehörte, abgebrochen.

40. Zwei gegenständige Pferde mit verbindender Muschelkartusche von der ehemaligen Dragonerkaserne, die sich hinter dem Waisenhaus, dem westlichen Abschlußgebäude des Ludwigsplatzes, befand. Hier waren das Rheinische Ulanenregiment Nr. 7 und ab 1878 das Westfälische Dragonerregiment Nr. 7 stationiert.

41. Blick von der Ludwigskirche in die Wilhelm-Heinrich-Straße, einer von Friedrich Joachim Stengel geplanten Sichtachsenverbindung zur evangelischen Kirche in St. Johann. Rechts im Vordergrund die von Stengel zwischen 1743 und 1746 errichtete Kirche der Reformierten (Friedenskirche).

42. Blick in die Wilhelm-Heinrich-Straße auf die Ostfassade der Ludwigskirche. Die zwischen 1746 und 1749 angelegte Straße verläuft außerhalb des Stadtkerns von Saarbrücken. Im Haus Nr. 17 auf der rechten Seite wohnte Baumeister Friedrich Joachim Stengel.

43. Die Friedenskirche mit Häusergruppe zwischen Ludwigsplatz und Eisenbahnstraße. Die Kirche wird seit 1892 von der Altkatholischen Gemeinde Saarbrückens genutzt.

44. Blick vom Trillerhügel auf die barocke Friedenskirche.

45. Hinterhofansicht in der Eisenbahnstraße, nahe der Ecke zur Vorstadtstraße. „Ammons Gässje": Im letzten Haus rechts war die Schlosserei Ludwig Ammon untergebracht.

46. Rückfront der Häuser an der Hintergasse mit Resten der alten Stadtmauer.

47. Der Grafenhof oder Rodenhof auf dem Triller wurde 1546 als Schäferei erbaut. 1763 wurde der Hof von Fürst Wilhelm Heinrich an die Stadt verkauft und 1764 zum großen Teil abgerissen, in der Folgezeit um- und wiederaufgebaut.

48. Blick vom Triller mit den Türmen der Saarbrücker Schloßkirche und des Rathauses. Links im Hintergrund der Turm des zwischen 1897 und 1900 neuerbauten Rathauses von St. Johann.

49. Die Vorstadtstraße mit Flaggenschmuck zur „Jahrtausendfeier der Rheinlande" im Jahre 1925, mit der die Zugehörigkeit der früheren Herzogtümer Ober- und Niederlothringen zum Deutschen Reich gefeiert wurde.

50. Unter Baumeister Balthasar Wilhelm Stengel (1748–1824) in der Saarbrücker Vorstadt, Am Hahnen, erbautes barockes Wohnhaus. 1851 wurde es von Tabakfabrikant Georg Philipp Korn (1791–1853) als Versorgungshaus gestiftet, 1906 abgerissen.

51. Luftaufnahme der zwischen 1885 und 1887 nach Plänen des Paderborner Dombaumeisters Arnold Güldenpfennig (1830–1908) erbauten katholischen Pfarrkirche St. Jakob.

52. Karl Ferdinand Freiherr von Stumm-Halberg (1836–1901) ließ sich anstelle des barocken Lustschlosses Monplaisir zwischen 1877 und 1880 durch den Hannoveraner Architekten Edwin Oppler (1831–1880) eine schloßartige Villa in neogotischem Stil erbauen. Das Gebäude ging 1939 in den Besitz der Reichsrundfunkgesellschaft über; heute befindet sich dort die Intendanz des Saarländischen Rundfunks.

53. Blick auf die Feldmannstraße und Petersbergstraße am Fuße des Winterbergs mit der Villenbebauung der Jahrhundertwende.

54. Die obere Feldmannstraße mit dem Nußberg. Oben rechts der 1906 nach Plänen des Königlichen Landbauinspektors Karl Hüter für den Großkaufmann Carl Lohmeyer (1847–1927) errichtete Nußberger Hof. Das Gebäude folgt den damals aktuellen Bauformen des Bergischen Landes, der Herkunftsregion der Familie Lohmeyer.

55. Das 20 m hohe Winterbergdenkmal wurde 1874 zum Andenken an die Gefallenen des Krieges von 1870/71 errichtet. Entworfen wurde es von dem bis 1873 in Saarbrücken als Bauinspektor tätigen Otto Lieber. Aus strategischen Gründen wurde das Denkmal nach Beginn des Zweiten Weltkriegs, am 10. September 1939, gesprengt.

56. Das Saarbrücker Ehrental wurde nach der Schlacht am Spicherer Berg vom 7. August 1870 als Soldatenfriedhof angelegt. Das 1876 errichtete Ädikulagrabmal für den Kommandeur des Rheinischen Ulanenregiments Nr. 7, Maximilian Reichsfreiherr Roth von Schreckenstein (1831–1875), weist eine Frauenfigur von Robert Cauer d. Ä. (1831–1893) auf, die die Allegorie des Ruhmes verbildlicht.

57. 1914 begann die junge Großstadt Saarbrücken mit der Anlage eines Zentralfriedhofs an der Metzer Straße. Die expressionistische, dreischiffige Leichenhalle wurde zwischen 1928 und 1930 nach Plänen des Stadtoberbaurats Walter Kruspe (1891–1983) errichtet.

58. Am Deutschmühlenweiher wurde 1776 ein Sensenwerk gegründet, das 1813 seine Produktion einstellte. Das Gelände kam 1836 in den Besitz der Familien Dryander und Schmidt, die hier eine Steingutfabrik betrieben. Weiher und Grünanlagen dienten Saarbrücker Bürgern als stadtnah gelegener Ausflugsort.

59. Die Stadt Saarbrücken errichtete 1914 im Deutschmühlental ein Freibad mit größerem und kleinerem Badebecken und Umkleideanlagen. 1924/25 wurde das Deutschmühlenbad erweitert. 1928 hatte das Bad 166.000 Besucher.

60. Das Restaurationsgebäude „Forsthaus Deutschmühlenweiher“ wurde um die Jahrhundertwende anstelle eines provisorischen Kriegerdenkmals für die Gefallenen von 1870/71 erbaut.

61. Die Siedlung Feldmannstraße-Hohe Wacht, die aus 18 Doppelhäusern und 56 Mehrfamilienhäusern mit insgesamt 174 Klein- und Mittelwohnungen besteht, wurde zwischen 1927 und 1929 erbaut. Bauträger war die Saarbrücker Gemeinnützige Siedlungsgesellschaft mbH.

62. Der 1635 erstmals erwähnte Franzen-Brunnen am ehemaligen Exerzierplatz auf der Bellevue wurde 1834 erneuert.

63. Der zum Petersberger Hof gehörende Sonnenhof ist aus einem alten Weinberghaus entstanden. Blick auf den Exerzierplatz und den Spicherer Berg.

64. Steinbruch beim Sonnenhof. Der gebrochene Sandstein wird zu länglichen Werksteinquadern gehauen.

65. Arbeiten im Steinbruch beim Sonnenhof; im Hintergrund fertig bearbeitete Gewändeteile (Aufnahme aus den dreißiger Jahren).

66. Glätten eines Quaders mit Scharriereisen und Knipfel.

67. Hölzerne Baracken auf dem großen Exerzierplatz im Jahre 1934.

68. Baracken auf dem großen Exerzierplatz im Jahre 1934. Die Hütten sind aus Holz, Kistendeckeln und Blechreklameschildern gebaut.

69. Blumenpflückende Kinder im Tiefental.

70. Blick vom Winterberg. Im Vordergrund das Ostviertel von Saarbrücken, jenseits der Saar der St. Johanner Staden mit Grünanlage.

71. Luftbild der Bismarckanlage vor dem Landgericht mit dem Denkmal des Infanterieregiments Nr. 70 für die Gefallenen des Ersten Weltkrieges aus dem Jahre 1928. Der schlichte Sandsteinpfeiler von Ludwig Nobis (gest. 1951) wurde 1935 mit einem martialischen Adler bekrönt.

72. Das Landgerichtsgebäude in der Hindenburgstraße an der Saar (heute Franz-Josef-Röder-Straße) wurde zwischen 1911 und 1914 unter der Leitung von Paul Thoemer (Berlin) erbaut. Der neobarocke Baukomplex war von1920 bis 1935 Sitz der Regierungskommission des Saargebietes; dann, nach der Rückgliederung, residierte dort der nationalsozialistische Reichsstatthalter der Westmark.

73. Treidelpfad mit Blick auf die 1909/10 erbaute Kaiser-Friedrich-Brücke (heute Wilhelm-Heinrich-Brücke), eine Stahlbogenkonstruktion der Firma Seibert. Vorne ein Maulesel der Compagnie H.P.L.M.

74. August 1914, Beginn des Ersten Weltkriegs: feldmarschmäßige Aufstellung der ausrückenden Truppen auf dem Neumarkt. Im Hintergrund die Markthalle, rechts der 1896/97 von Hans Weszkalnys (1867–1946) als Konzert- und Festsaal errichtete Saalbau.

75. Blick vom Alt-Saarbrücker Ufer auf die Saar mit Kanalschiffen (sogenannten „Treidelpenischen“) in Eisen- und Holzbau, in der Mitte Pferdeställe sowie Treidelmasten, rechts der Schornstein der Baldesschen Brauerei.

76. Saarkahn.

77. Teeren des Decks einer Treidelpenische, vorne die Herftluke und rechts die Schorbäume. Im Hintergrund die Kaiser-Friedrich-Brücke.

78. Treidelpenische mit Pferdestallöffnung und Heubeladung.

79. Saarufer mit Kähnen und Blick auf den Turm der Johanneskirche von St. Johann.

80. Blick auf Saarbrücken und St. Johann.

81.-84. Marktszenen auf dem Saarbrücker Neumarkt in den dreißiger Jahren.

85. Hochwasser der Saar im Januar 1941. Blick auf das Landgericht.

86. Hochwasser der Saar im Januar 1941. Blick auf die Alte Brücke, links das um 1762 erbaute Oberamtsgebäude in der Hindenburgstraße 1-2, das in der Nachkriegszeit zugunsten der Stadtautobahn abgebrochen wurde.

# 2

# St. Johann

87. Blick auf St. Johann. Im Zentrum der Landwehrplatz (früher Schlachthofplatz), dahinter das Nauwieser Viertel und die katholische Pfarrkirche St. Michael am Rotenberg, am linken Bildrand das St. Johanner Rathaus und die evangelische Johanneskirche. Die Brücke vorne rechts ist die Bismarckbrücke (Aufnahme um 1929).

88. Blick auf den Staden. Das bis ins 19. Jahrhundert landwirtschaftlich genutzte Areal des Stadens, einer Niederterrasse der Saar, wurde ab der Jahrhundertwende bis um 1930 mit Villen in offener Bauweise bebaut. Die Böschungsmauer mit Balustrade wurde 1908 von Heinrich Güth (1858–1918) errichtet.

89. Platanenallee in der Stadenanlage. Im Hintergrund die zwischen 1913 und 1915 erbaute Bismarckbrücke, die St. Johann mit den westlichen Teilen von St. Arnual verbindet.

90. Die Stadt St. Johann vom Kaninchenberg aus gesehen.

91. Luftaufnahme von St. Johann mit dem Landwehrplatz (rechts hinten). Auf der Nordseite des Landwehrplatzes befindet sich die von Wilhelm Franz (1864–1948) in den Jahren 1901 bis 1904 errichtete neubarocke Königliche Oberrealschule. Am Bildrand vorne links ist der St. Johanner Markt erkennbar.

92. Das 1888 von Amalie Kablé (1857–1934) in der Futterstraße gegründete und nach ihr benannte private Lyzeum wurde 1896 in zwei Barockhäusern am Theaterplatz untergebracht. Der klassizistische Verbindungstrakt mit Dreiecksgiebel wurde im 19. Jahrhundert hinzugefügt.

93. Ab 1920 war in der Kabléschule die französische Grubenverwaltung untergebracht, 1935 die Reichsfinanzverwaltung.

94. St. Johann von der Saar aus gesehen. Im Hintergrund die Türme von Rathaus und Johanneskirche, rechts die katholische Kirche St. Johann.

95. Malerei im Haus des Bankiers Schlachter am Brückenplatz, geschaffen um 1868 von einem Düsseldorfer Maler. Das Bild stellt den Forstkassenrendanten Ludwig Doll mit seinen Enkelkindern Hermine Böcking, Tochter des Advokaten Böcking, und Balthasar Schlachter auf einem Spaziergang bei Trarbach dar. Trarbach ist der Herkunftsort der Familie Böcking.

96. Klassizistisches Portal am Bürgerhaus des Kaufmanns Johann Chistian Koehl (1776–1845), Saarstraße 17, nahe der Alten Brücke. Das Gebäude wurde 1817 von Johann Adam Knipper d. J. (1784–1870) erbaut. Im festongeschmückten Türsturz sind die Initialen des Bauherrn und die Jahreszahl der Vollendung angegeben.

97. Die Obertorstraße des St. Johanner Marktes mit Einmündung in die Faßstraße. Das Doppelhaus mit der Restauration „Zum Goldenen Faß“ ist ein um 1760 durch Kammerrat Thomas Röchling barockisiertes Bauwerk des 17. Jahrhunderts.

98. Ein Haus in der Faßstraße, wohl aus dem 17. Jahrhundert (Fenster und Gebäudekanten im Foto retuschiert).

99. Das ehemalige „Gasthaus Horch“ in der Mainzerstraße vor dem Obertor. Die Mainzerstraße außerhalb des mittelalterlichen Stadtkerns wurde 1792 nach einheitlichem Plan von Balthasar Wilhelm Stengel (1748–1824) begonnen.

100. Blick über die verwinkelte Dachlandschaft St. Johanns hinweg in die Evangelisch-Kirchstraße.

101. Die evangelische Kirche in St. Johann wurde zwischen 1725 und 1727 nach Plänen des Idsteiner Werkmeisters Jost Bager erbaut. Der Dreiecksgiebel mit Ziffernblatt am Turmhelm wurde erst 1785 angebracht. Die Häusergruppe rechts wurde um 1720 erbaut.

102. Das evangelische Pfarrhaus aus dem 18. Jahrhundert in der Evangelisch-Kirchstraße.

103. Blick in die Türkenstraße und Faßstraße mit der evangelischen Kirche, dahinter das sogenannte „Gautheater Saarpfalz", das Adolf Hitler der Stadt Saarbrücken zum Dank für die Entscheidung bei der Saarabstimmung 1935 schenkte. Erbaut in den Jahren 1936 bis 1938 durch den Berliner Architekten Paul Baumgarten.

104. Das dreigeschossige Haus in der Evangelisch-Kirchstraße 21 wurde 1629 erbaut. Neben der Tordurchfahrt befindet sich ein Standerker, dessen oberstes Geschoß als Fachwerkkonstruktion ausgeführt ist.

105. Das Haus mit dem prunkvollen Portal am St. Johanner Markt 22 wurde um 1790 für den holländischen Holzfaktor Thomas Röchling erbaut, dessen Profilbildnis sich im geschweiften Giebel befindet. Die Symbole in den Medaillons der Türblätter sind noch nicht entschlüsselt.

106. Ecke Saarstraße/Sankt Johanner Markt, die sogenannte „Kautzsche Ecke“, und das Gasthaus „Zum Hirsch“.

107. Häusergruppe der „Kautzschen Ecke“ am St. Johanner Markt.

108. Gehöft in der Katholisch-Kirchstraße in St. Johann.

109. Hof des Gehöftes in der Katholisch-Kirchstraße.

110. Blick von der Katholisch-Kirchstraße 22 zum Turm der zwischen 1754 und 1758 durch Friedrich Joachim Stengel erbauten katholischen Pfarrkirche St. Johann.

111. Das Bogenfeld des Westportals der katholischen Kirche in St. Johann zeigt Synagoge (links) und Ecclesia (rechts) als Gegenüberstellung von Altem und Neuem Bund. Die Synagoge hat ihr Haupt verhüllt, hält mit der Rechten die Gesetztestafeln, dahinter die Bundeslade, über ihr der zerissene Vorhang des Tempels. Die siegreiche Ecclesia präsentiert den Kelch und hat ihre Linke auf das Lamm Gottes gelegt, das auf dem Buch mit den sieben Siegeln ruht.

112. Der barocke Hochaltar der katholischen Pfarrkirche ist nicht erhalten. Die Darstellung der Taufe Jesu aus Stuckmarmor wurde 1934 durch den Trierer Bildhauer Arnold Hensler im Chor angebracht.

113. Das Haus mit Fachwerkkonstruktion in der Katholisch-Kirchstraße wurde im August 1931 abgebrochen.

114. Innenaufnahme des abgebrochenen Hauses, bei der ältere Umbauphasen zu erkennen sind.

115. Die Hofansicht des aus dem 17. Jahrhundert stammenden Hauses Katholisch-Kirchstraße 22 zeigt die Reste eines Treppenturms, an den im 18. Jahrhundert ein Balkon in Fachwerkkonstruktion angebaut wurde.

116. Im Gebäude der Marktpassage zwischen Katholisch-Kirchstraße und St. Johanner Markt – 1904/05 von Gustav Adolph Schmoll gen. Eisenwerth (1872–1946) als Hotel „Metropol“ errichtet – war das 1924 gegründete Heimatmuseum der Stadt Saarbrücken untergebracht. Der polygonale Erker ist das „Markenzeichen“ des Architekten Schmoll.

117. Schaufenster des Heimatmuseums mit Geschirrteilen aus Mettlach, Wallerfangen und Saargemünd. In der Fensterspiegelung ist der Fotograf Hermann Keuth (1888–1974), erster Direktor des Museums, zu erkennen. Die Bezeichnung „Saarland-Museum" geht auf das Jahr 1938 zurück.

118. Skulpturensaal im Heimatmuseum mit dem Gipsabguß der Grabtumba der Elisabeth von Lothringen (gest. 1456) und vorne rechts einem Abguß des Grabmals von Johann III. (gest. 1472), die sich im Original in der Stiftskirche zu St. Arnual befinden.

119. Stengel-Saal mit Exponaten zum Saarbrücker Barock. Über dem Kamin hängt das einzige erhaltene Porträt von Friedrich Joachim Stengel (1694–1787), eingerahmt von dessen Schwiegereltern Dr. Johann und Clara Storch aus Gotha.

120. Biedermeier-Zimmer im Heimatmuseum.

121. Feuerstelle mit altem Küchengerät im Heimatmuseum.

122. Die Ofenplattensammlung und einige sogenannte „Köllertaler Truhen“. Im Hintergrund ein gußeiserner Kanonenofen, der nach Entwürfen von Hofmaler Johann Friedrich Dryander (1756–1812) gefertigt worden sein soll.

123. Betten im Dachgeschoß der volkskundlichen Abteilung des Heimatmuseums.

124. Webstuhl und sonstige Gerätschaften zur Weberei. Der ins Ende des 18. Jahrhunderts zu datierende Webstuhl stammt aus Hellenhausen im Köllertal.

125. Abtransport der Stimmzettel zur Saarabstimmung am 13. Januar 1935, mit der der künftige Status des unter Völkerbundsverwaltung stehenden Saargebietes geregelt werden sollte. Es standen zur Wahl die Angliederung an Frankreich, an das Deutsche Reich oder die Beibehaltung des Status Quo.

126. Nationalsozialistische Propaganda gegen die „Unterdrückung der freien Meinungsäußerung" vor der Saarabstimmung.

127. Auszählung der Stimmzettel in der Wartburg.

128. Das St. Johanner Rathaus in Festbeleuchtung.

129. Abziehende englische Mandatstruppen in der Bahnhofstraße auf dem Weg zum Bahnhof. 90% der Saarbevölkerung stimmten für die Rückgliederung, die dann am 1. März 1935 vollzogen wurde.

130. Aufmarsch von NSDAP-Formationen am 15. Januar 1935.

131. Der Status Quo, die Beibehaltung der Eigenständigkeit des Saargebietes, wird am Saarbrücker Schloßberg symbolisch zu Grabe getragen.

132. „Grab" des Status Quo in Burbach.

133. Drei Jahre nach der Rückgliederung wurde das Heimatmuseum zum Saarland-Museum umgewidmet. Das neue, erweiterte Museumskonzept diente auch propagandistischen Zwecken. Blick in den Raum zur Saarabstimmung mit der Bildnisbüste Adolf Hitlers.

134. Blick in eine Raumflucht mit archäologischen Fundstücken und der geographischen Abteilung des Saarland-Museums. Ganz hinten das Bronzemodell zum Stummschen Denkmal in Neunkirchen/Saar von dem Berliner Künstler Hugo Wilhelm Fritz Schaper (1841–1919), das 1901 vor dem Neunkirchner Eisenwerk aufgestellt wurde.

135. Die Bergwerksdirektion wurde in den Jahren 1877 bis 1880 von der Berliner Architektengemeinschaft Martin Gropius und Heino Schmieden (seit 1866 gemeinsam tätig) als Point-de-vue am Ende der Bahnhofstraße errichtet (heute Trierer Straße 1). Die Architektur, die auf Formen der Florentiner Renaissance zurückgreift, ist mit Skulpturen aus der Werkstatt der Kaiserslauterner Brüder Menges geschmückt.

136. Am 15. Oktober 1852 kam die erste Eisenbahn aus Ludwigshafen in St. Johann an, das somit an das preußische Eisenbahnnetz angeschlossen war. Der Bahnhof wurde 1851 erbaut, das Empfangsgebäude vorne 1896. 1963 wurden die noch stehengebliebenen Türme des Empfangsgebäudes abgerissen, 1979 die letzten Reste beseitigt.

137. Im Zuge des wirtschaftlichen Aufschwunges der Stadt St. Johann wurde zwischen 1897 und 1900 durch Georg Hauberisser (1841–1922) ein großes Rathaus mit zentralem Belfried (Turm) in spätgotischen Formen erbaut, dahinter die evangelische Johanneskirche.

138. Abbruch eines älteren Hauses des Gerberviertels an der Rückseite des Rathauses in den dreißiger Jahren.

139. In den Jahren 1920 bis 1925 wurde von Stadtoberbaurat Walter Kruspe (1891–1983) der westliche, expressionistisch beeinflußte Erweiterungsbau des Rathauses angefügt. Im Vordergrund, neben der kleinen Trinkhalle, sind Werksteinblöcke zum Bau der Stadtsparkasse zu erkennen, deren Grundstein im März 1928 gelegt wurde. Auch hier war Kruspe der entwerfende Architekt.

140. Für den Rathausvorplatz stiftete Kommerzienrat Emil Haldy (1826–1901) eine Brunnenanlage mit der Figur des Telemach von Ludwig Cauer (1866–1947), die 1902 errichtet wurde. Der nackte Jüngling erregte unter der Bürgerschaft heftige Kritik, so daß er als „ärgerniserregende Sache“ entfernt werden mußte. Seit 1976 ist er in den Resten einer barocken Nischenwand in der Vorstadtstraße aufgestellt.

141. Blick auf die Gartenseite der der Industriellenfamilie Röchling gehörenden Villa auf dem Rotenbühl. Das barockisierende Gebäude wurde zwischen 1909 und 1913 für Karl Röchlings (1827–1910) jüngsten Sohn Eduard errichtet. 1927 wurde es an die Stadt verkauft, die dort ein Kindererholungsheim unterbrachte. Heute befindet sich in dem Gebäude das Internat des Deutsch-Französischen Gymnasiums.

142. Die „Volze-Mühl" wurde 1760 durch Fürst Wilhelm Heinrich als Mahlmühle erbaut. 1775 ging sie in den Besitz seiner zweiten Frau Katharina über. Ab 1882 war die Mühle Teil des Saarbrücker Volksgartens (heute Hela-Gelände). 1904 wurde sie abgebrochen.

143. Gartenhaus am Rotenberg aus dem frühen 19. Jahrhundert. Auf der Wetterfahne waren die Initialen des Brauereibesitzers Daniel Bruch angebracht. Das Gebäude wurde 1910 abgebrochen.

144. Die 1923/24 errichtete katholische Pfarrkirche St. Michael auf dem Rotenberg ist ein expressionistisches Bauwerk von Hans Herkommer (1887–1956). Die Südseite der Michaelskirche im Bau, Winter 1923/24.

145. Nordansicht der Kirche in Berglage mit den charakteristischen Doppeltürmen, die mit kristallin gebrochenen Turmhelmen ausgestattet sind.

146. Das Kircheninnere nach Westen. Die aufgehenden Pfeiler der Orgelempore und die Wände der nördlichen Seitenschiffe sind in Stampfbeton ausgeführt. Die Ansichtsflächen der Westtürme sind bereits mit behauenen Werksteinen verblendet.

147. Blick auf das 19 m hohe und 38 m lange Tonnengewölbe des Mittelschiffes.

148. Die Schalbretter für die Kassetten des Tonnengewölbes werden eingesetzt.

149. Lehrgerüst für einen Betonbogen am Chor.

150. Innenansicht des bis auf die Ausstattung vollendeten Kirchenbaues. Das kassettierte Tonnengewölbe ist bereits bemalt.

151. Die vierachsige Hallenkrypta ist unterhalb des Chores gelegen. Die kantigen Pfeiler bilden einen kristallinen, dichten Pfeilerwald.

152. Der Hochaltar im Chor von St. Michael mit der Darstellung des Abrahamsopfers im Altarblock (Stipes). Am zackigen Tabernakelaufsatz sind Apostelfiguren angebracht: Petrus und Paulus links, Judas Thaddäus und Matthäus rechts.

153. Aula des Reform-Realgymnasiums in der Ottostraße, heute Oberpostdirektion Klausenerstraße. Der auf 750.000 Mark veranschlagte Schulneubau wurde 1914 eingeweiht. Das Städtische Reform-Realgymnasium wurde 1910 gegründet. Nach Unterbringung im ehemaligen Bürgermeisteramt Malstatt-Burbach und dem Dellengarten-Schulhaus in Alt-Saarbrücken erfolgte die Übersiedlung in den Neubau in der Ottostraße.

154. Der Schwarzenbergturm auf dem St. Johanner Schwarzenberg wurde 1930 als „frühester Sichtbeton-Aussichtsturm des Rheinlandes“ (Staatliches Konservatoramt) durch den Stadtarchitekten Hermann Leiber errichtet. Der Turm ist ein Beispiel für die funktionalistische Architektur des „Neuen Bauens“ zwischen den beiden Weltkriegen.

155. Blick vom Schwarzenbergturm auf den Stadtwald.

156. Antrieb einer Seilförderung der Gesellschaft für Förderanlagen Ernst Heckel m.b.H., die aus der 1784 gegründeten Drahtseilfabrik hervorgegangen war. Die Seilscheiben haben 7 m Durchmesser.

157. Seilantrieb einer Bergbahn der Firma Heckel.

158. Drahtseilbahn der Firma Heckel im Jahre 1911.

159. Eine von der Firma Heckel gebaute Drahtseilbahn in Völklingen.

160. Firma Saar Brown Boveri AG in St. Johann. 1910 übernahm die Weltfirma Brown Boveri & Co die Saarbrücker Elektrizitätsaktiengesellschaft und produzierte hier Drehstrommotoren, seit 1912 auch Kühlautomaten.

161. Die 1877 gegründete Eisengießerei und Maschinenfabrik Dingler, Karcher & Co. Das gegenüber vom Halberg gelegene Werk produzierte 1924 bis zu 12.000 t Eisengußprodukte, darunter Grubenmaterial und Waggonteile.

162. Formguß bei der Ehrhardt & Sehmer AG. Die 1876 gegründete Maschinenfabrik befand sich am Bahnhof Schleifmühle am Ludwigsberg. Auf dem 127.600 $m^2$ großen Areal waren 1924 1.600 Arbeiter und Beamte beschäftigt.

163. Dieselmotor der Firma Ehrhardt & Sehmer AG.

164. Präsentation der 1756 gegründeten Halberger Hütte – später Rud. Böcking & Cie – auf einer Antwerpener Industrieausstellung von 1885. Die gegossene Bildnisbüste von Friedrich Philipp Stumm (1751–1835) im Vordergrund gehört zu den Produkten der Neunkircher Hütte.

# 3

# St. Arnual

165. Die Luftaufnahme zeigt den ländlich geprägten Stadtteil St. Arnual, der von der mittelalterlichen Stiftskirche mit dem vorgelagerten Markt bestimmt wird. Rechts an den Saarwiesen ist das Saarbrücker Flughafengelände zu erkennen. 1896 wurde St. Arnual zu Alt-Saarbrücken eingemeindet.

166. St. Arnual vom Schenkelberg aus gesehen, um 1880.

167. Blick auf den St. Arnualer Markt. Das „Siegelsche Haus“ in der Bildmitte wurde 1931/32 abgerissen (heute St. Arnualer Markt 8), so daß sich der Markt in seiner heutigen Form herausbilden konnte. Rechts der Schornstein der Kettenfabrik.

168. Haustür des 1751 erbauten „Petzinger Hauses“ mit Oberlicht und aufwendig profiliertem Gewände, das mit doppelten barocken Ohrenfaschen versehen ist. Die Treppe ist heute erneuert.

169. Alter Ortskern von St. Arnual mit der Wackenbergsiedlung von 1927/28.

170. Blick vom Wackenberg auf die Stiftskirche, im Vordergrund die Stiftstreppe, im Hintergrund die Saarwiesen und der Halberg mit dem für Karl Ferdinand Freiherr von Stumm-Halberg (1836–1901) erbauten Schloß.

171. Blick auf den Westturm der Stiftskirche St. Arnual, deren Bau in der Mitte des 13. Jahrhunderts begonnen wurde. Der Turm ist inschriftlich auf 1315 datiert; sein Turmhelm wurde im 18. Jahrhundert unter Stengel erneuert und dann um 1960 durch einen Helm in neuen Materialien ersetzt.

172. Ostanlage der Stiftskirche. Die dreischiffige kreuzrippengewölbte Basilika mit Westturm und Vorhalle besitzt ein ausladendes Querschiff und hat eine polygonale Apsis. Östlich des Chores befindet sich der von einer Mauer umgebene alte Friedhof.

173. Linke Hälfte des skulptierten Figurenfrieses im Türsturz des Westportals mit dem Motiv der Flucht nach Ägypten, Johannes dem Täufer und dem Heiligen Petrus. In den Schultern des Portalgewändes eine Verkündigungsszene. Der Skulpturenfries entstand um 1320/30 und steht unter lothringischem Einfluß.

174. Rechte Hälfte des skulptierten Figurenfrieses mit dem Heiligen Arnualdus (?), Heiligen Paulus und der Auferstehung Christi. Im Portalgewände die Noli me tangere- und Heimsuchungsdarstellung.

175. Renaissancegrabmal für Heinrich von Sötern (gest. 1545) und dessen Frau Philippa, geb. von Kerpen (gest. 1526), im südlichen Seitenschiff von St. Arnual.

176. Manieristisches Grabmal für den Grafen Moritz (gest. 1618) an der südlichen Chorwand mit der historistischen Raumfassung von 1888. Im Zentrum die Darstellung des im Alter von 18 Wochen verstorbenen Kindes.

177. Manieristisches Grabmal für Johann Nikolaus vom Hagen (gest. 1622) und seine Frau Elisabeth, geb. von Lützelburg (gest. 1614), an einem südlichen Langhauspfeiler.

178. Grabmal der Catharina Margaretha Louisa von Gangeld, Herrin von Kleinholtt (gest. 1712) aus der Werkstatt des barocken Bildhauers Pierrard de Coraille (um 1670–1724/25). Die Figur wurde im späten 18. Jahrhundert ergänzt. Das Todesdatum ist als Chronogramm in der Inschrift enthalten.

179. Grabmal des Henning Freiherr von Stralenheim (1670–1731), ein Hauptwerk der Saarlouiser Bildhauerwerkstatt von Ferdinand Ganal (1703–1775). Das Grabmal mit dreiteiligem Geschoßaufbau ist als triumphale Pforte ins Jenseits gestaltet. An der Konsole unten befindet sich eine reliefierte Medaille auf die Taten Stralenheims.

180. Einschalung der Grabmale in der Stiftkirche während des Zweiten Weltkriegs.

181. Bauinschrift am Westturm, die den Baubeginn des Turmes durch den Dekan Johann Repper im Jahre 1315 bezeugt: ANNO. M. CCC°. XV°. VI°. K[A]L[ENDAS]. MENSIS. IVNII. INCEPTVM. EST. HOC. OPVS. PER. D[OMI]N[V]M. IO[HANNEM]. D[I]C[TV]M. REPPER.

182. Felsenweg im Stiftswald von St. Arnual.

183. Zeltartiger Stall einer Köhlerhütte im Stiftswald mit kreisrunder Basis (Durchmesser 2,5 m). Aufgenommen im Jahre 1936 von Hermann Keuth.

# 4

# Malstatt-Burbach

184. Blick auf Malstatt. Im Zentrum die evangelische Pfarrkirche aus dem Jahre 1869/70, eine neugotische Hallenkirche nach dem Entwurf des Regierungsbaurats Seyffart aus Trier unter Verwendung einer Skizze des Berliner Oberbaurats Stühler.

185. Blick auf den Chor der evangelischen Pfarrkirche. Im Vordergrund ein Gartenhaus, das um 1800 erbaut wurde.

186. Reparatur der 1894 errichteten Kaiser-Wilhelm-Brücke in Malstatt. Der eiserne Aufbau wurde von Professor Barkhausen aus Hannover entworfen und von der Gute Hoffnungshütte in Sterkrade für 155.052 Mark hergestellt.

187. Die 1915 errichtete Friedrichschule am Friedrichsplatz in Malstatt wurde als Volksschule gebaut. Später wurde sie auch zeitweise als Knabenmittelschule genutzt.

188. Luftbild von Burbach mit der katholischen Pfarrkirche Herz-Jesu, einer neuromanischen Basilika mit Querhaus, mächtigem Vierungsturm und zwei kleinen Westtürmen. Sie wurde zwischen 1912 und 1914 nach Entwürfen von Becker und Falkowski (Mainz) erbaut. Im Hintergrund die Burbacher Hütte.

189. Die Burbacher Hütte vom Schanzenberg aus gesehen. Die Hütte wurde 1857 in Betrieb genommen. 1924 hatte sie eine Gesamtproduktion von 550.000 t Thomas- und Martinstahl.

190. Am Hochofen der Burbacher Hütte.

191. Blick in die Konstruktionswerkstätte der Burbacher Hütte im Jahre 1906.

192. Fahrbarer Kran in der Burbacher Hütte.

*Baugeschichtliche Daten wurden freundlicherweise vom Staatlichen Konservatoramt, Saarbrücken, zur Verfügung gestellt. Für Hinweise und Mitarbeit danke ich Heidi Kießler, Rainer Knauf, Toni Korn, Dr. Günter Scharwath, Dr. Karl August Schleiden, Dr. Georg Skalecki und Dr. Katja Tönnesmann.*